글 트레이시 터너
오랫동안 출판사에서 어린이책 편집자로 일했고, 지금은 사회, 역사, 과학 등 다양한 어린이책을 쓰고 있습니다. 《날개가 바꾼 역사》, 《상식의 빈틈을 채우는 지식백과》 등 수많은 책이 20개 이상의 언어로 출판되어 베스트셀러가 되었습니다. 《얼마나 많은 쥐가 있어야 코끼리를 만들 수 있을까?》로 영국 학교도서관협회에서 주관하는 '지식정보책 대상'을 수상했습니다.

그림 오사 길랜드
스웨덴 출신의 어린이책 일러스트레이터로 문구류, 섬유 디자인, 가구 장식품 등 다양한 분야의 예술 작품도 디자인하고 있습니다. 그린 책으로는 《나는 거의 항상 친절해》, 《할머니의 마법》, 《나의 첫 번째 반려식물》 등이 있습니다.

옮김 서남희
대학에서 역사와 영문학을 공부했습니다. 〈아이와 함께 만드는 꼬마영어그림책〉, 〈그림책과 작가 이야기〉 시리즈를 썼으며, 《그림책의 모든 것》, 《100권의 그림책》, 《세계사 박물관》, 《가난한 사람은 왜 생길까요?》, 《세계사를 한눈에 꿰뚫는 대단한 지리》 등을 우리말로 옮겼습니다.

서로 다르지만 우리는 모두 친구야!

초판 1쇄 인쇄일 2023년 4월 15일 | **초판 1쇄 발행일** 2023년 5월 1일
글 트레이시 터너 | **그림** 오사 길랜드 | **옮김** 서남희
펴낸이 유성권 | **편집장** 심윤희 | **편집** 유옥진, 한지희, 김성원 | **디자인** 황금박g, 이수빈
마케팅 김선우, 강성, 최성환, 박혜민, 심예찬, 김현지 | **홍보** 김애정, 임태호 | **제작** 장재균 | **관리** 김성훈, 강동훈
펴낸곳 (주)이퍼블릭 | **출판등록** 1970년 7월 28일(제1-170호)
주소 서울시 양천구 목동서로 211 범문빌딩 | **전화** 02-2651-6121 | **팩스** 02-2651-6136
홈페이지 www.safaribook.co.kr | **카페** cafe.naver.com/safaribook
블로그 blog.naver.com/safaribooks | **포스트** post.naver.com/safaribooks
인스타그램 @safaribook_ | **페이스북** facebook.com/safaribookskr

ISBN 979-11-6951-684-6(73300)

WE ARE ALL DIFFERENT
First published 2021 by Macmillan Children's Books an imprint of Pan Macmillan
Text and design copyright © Raspberry Books 2021
Korean Translation Copyright © E-Public(Safari) 2022 All rights reserved.
This edition is published by arrangement with Macmillan Publishers International Ltd
through KidsMind Agency, Korea.

이 책의 한국어판 저작권은 키즈마인드 에이전시를 통해 Macmillan Publishers International Ltd와 독점 계약한 (주)이퍼블릭(사파리)에 있습니다. 신 저작권법에 의해 한국 내에서 보호를 받는 저작물이므로 무단 전재와 복제를 금합니다.

* 책값은 뒤표지에 있습니다.
* 이 책의 내용 일부 또는 전부를 재사용하려면 반드시 저작권자와 (주)이퍼블릭 양측의 동의를 얻어야 합니다.
* 사파리는 (주)이퍼블릭의 유아·아동·청소년 출판 브랜드입니다.

KC마크는 이 제품이 공통안전기준에 적합하였음을 의미합니다.
제조자명 : (주)이퍼블릭(사파리) 제조국명 : 대한민국 사용 연령 : 8세 이상
종이에 베이거나 모서리에 다치지 않게 주의하세요.

차례

모두모두 환영해! ……………………… 4

우리 모두는 세상에 단 하나뿐 …………… 6

우리들은 무엇이 같고 무엇이 다를까? …. 8

성별과 상관없이 자유롭게 ……………… 10

여러 모습의 가족 ………………………… 12

우리는 형제자매 ………………………… 14

또 다른 가족의 모습 …………………… 16

자폐 스펙트럼을 가진 친구 ……………… 18

배우는 방법이 다른 우리들 ……………… 20

자신만의 속도로 배우는 친구들 ………… 22

특별한 도움을 받으며 배우는 친구들 …. 24

신체 장애인들과 함께하는 우리 ………… 26

보고 듣는 것이 어려운 사람들 ………… 28

인종이 달라도 우리는 친구 ……………… 30

새로운 나라에서 살아가기 ……………… 32

흥미로운 다양한 문화 …………………… 34

서로에게 친절하기 ……………………… 36

우리의 꿈과 희망 ………………………… 38

우리들은 모두! …………………………… 40

같으면서도 다른 우리 …………………… 42

낱말 사전 ………………………………… 44

찾아보기 ………………………………… 46

세계 인권 선언 …………………………… 48

모두모두 환영해!

서로 다른 생활과 문화를 경험하는 다양성 체험 학교에 온 친구들, 모두모두 환영해! 이곳에서는 인종과 성별 등 다양한 차이를 이해하고 존중하는 방법을 배울 수 있어. 나와 친구들은 서로 무엇이 비슷하고 다른지 그리고 다른 점을 어떻게 받아들여야 하는지 알아볼까?

우리 모두는 세상에 단 하나뿐

나와 똑같은 사람은 세상에 단 한 명도 없어.
우리는 모두 저마다의 특성을 지닌 특별한 존재거든.
서로 생김새도 다르고 세상을 바라보고 느끼는 방식도
모두 달라. 좋아하는 것과 싫어하는 것까지 말이야.
형제와 자매, 쌍둥이조차 똑같지 않단다.

어떤 친구는 여러 사람과 함께 있는 것을 좋아해.

나는 친구들이 정말 좋아. 그래서 늘 함께 있고 싶어.

나는 친구들이랑 같이 노는 게 좋아. 그런데 혼자 있는 것도 좋아해.

나는 많은 사람들과 함께 있는 게 힘들어.

또 어떤 친구는 수줍음을 많이 타서 혼자 있고 싶어 해.

어때, 나 진짜 잘하지?

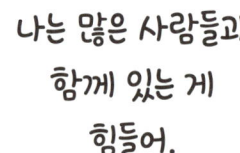

난 모르는 사람을 처음 만날 때마다 긴장돼. 거의 아는 친구들만 있는 생일 파티에 가도 멋쩍거나 부끄러워서 안 가고 싶어.

늘 주인공이 되는 것을 좋아하는 친구도 있어.

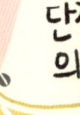

우리들은 무엇이 같고 무엇이 다를까?

같은 점이 많은 친구들끼리 모여 있어.
무엇이 같은지 알아볼까?

우리들은 그림 그리는 걸 정말 좋아해.

우리는 축구가 진짜진짜 좋아!

우리 새로운 놀이를 잘 만들어.
우리가 만든 '살금살금 놀이' 같이해 볼래?

'살금살금 놀이'는 몰래 다가가서 술래를 깜짝 놀래 주면 돼.

우리들은 가면놀이가 최고야!

우리는 음악과 춤을 사랑해. 하지만 좋아하는 노래랑 밴드, 아이돌은 달라.

우리는 다른 점도 아주 많아.
무엇무엇이 다를까?

나랑 짝꿍의 부모님은 서로 다른 나라에서 태어나셨어. 그래서 종교도 명절도 다르지만, 나랑 친구처럼 우리 가족들도 가까워졌단다. 온 가족이 캠핑을 함께 다니기도 해.

난 튀긴 만두를 친구가 줘서 처음 먹었는데, 정말 맛있었어. 짝꿍 가족들도 우리 엄마가 만든 러시아식 팬케이크를 모두 좋아해.

나는 축구를 정말정말 좋아하는데, 내 친구는 싫어해. 좀 아쉽지만 그래도 우리는 가장 친한 친구야.

우리는 둘 다 비디오 게임이랑 책 읽기, 수영을 좋아하거든.

우리는 모두 생김새도 살아가는 환경도 다르지만 같은 감정들을 느껴. 행복, 기쁨, 자신감처럼 좋은 감정이랑 두려움과 슬픔, 화, 심술, 걱정 같은 힘든 감정들까지 함께 말이야. 그러니까 내 감정이 소중한 만큼 친구의 기분과 감정도 소중히 여기며 배려해 주어야 해.

성별과 상관없이 자유롭게

여자아이와 남자아이는 태어나기 전부터 신체적으로 달라. 성호르몬이 다르기 때문이야. 운동 능력과 공감 능력도 차이가 있단다.

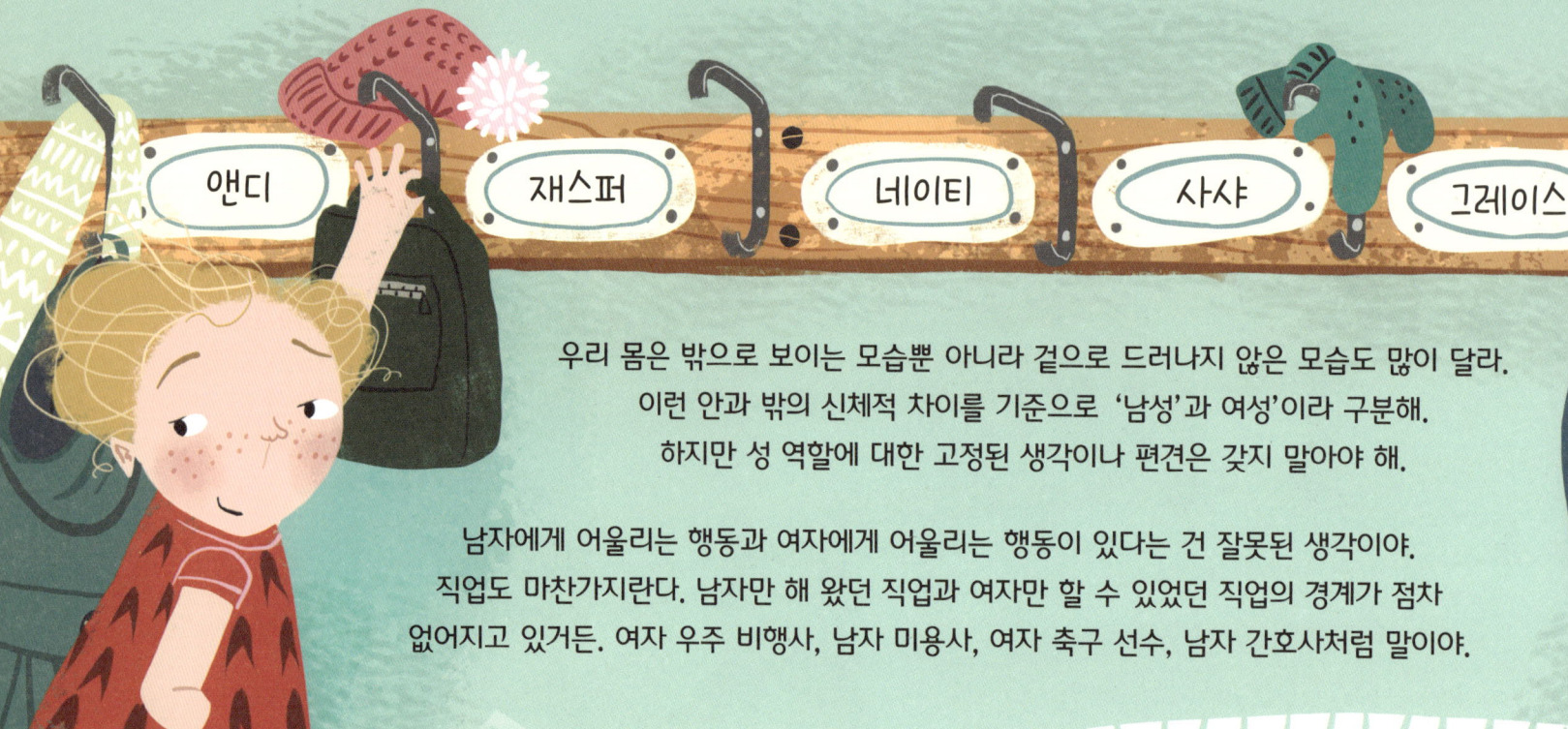

앤디 재스퍼 네이티 사샤 그레이스

우리 몸은 밖으로 보이는 모습뿐 아니라 겉으로 드러나지 않은 모습도 많이 달라. 이런 안과 밖의 신체적 차이를 기준으로 '남성'과 '여성'이라 구분해. 하지만 성 역할에 대한 고정된 생각이나 편견은 갖지 말아야 해.

남자에게 어울리는 행동과 여자에게 어울리는 행동이 있다는 건 잘못된 생각이야. 직업도 마찬가지란다. 남자만 해 왔던 직업과 여자만 할 수 있었던 직업의 경계가 점차 없어지고 있거든. 여자 우주 비행사, 남자 미용사, 여자 축구 선수, 남자 간호사처럼 말이야.

내 이름은 스티브야. 우리 가족이 살았던 지역에서는 남자와 여자의 역할이 너무나 분명했어. 여자들은 얼굴도 드러내면 안 되었거든.

스티브랑 알아보는 성별에 대한 이해
서로 다른 성별에 대해 인정하고 존중하기!

★ 성 역할은 남성이나 여성으로서 기대되는 역할을 말해. 시대나 문화와 관습에 따라 성 역할이 달라지기도 하지. 여성과 남성은 생김새나 몸의 특성이 다르지만 자기가 원하는 대로 취미나 하고 싶은 일 등을 스스로 결정할 수 있어야 해.

★ 성이 다르다는 이유로 다르게 대하는 것을 성차별이라고 해. 남성이나 여성이라는 이유로 차별을 받지 않으려면 성 역할에 대해 고정 관념을 갖지 않아야 한단다. 무엇보다 서로의 능력을 인정하고 존중해 주어야 해.

★ 성 정체성은 신체적 차이와 상관없이 스스로 느끼는 자신의 성별을 뜻해. 스스로를 여자나 남자 어느 쪽에도 속하지 않는다고 생각하는 성 소수자도 있어.

★ 여성과 남성의 신체적 특성은 타고나지만 역할은 그렇지 않아. 누구든 성별과 상관없이 정치, 경제, 사회, 문화 등 모든 영역에서 동등하게 참여하고, 동등한 권리를 보장받아야 해.

불과 얼마 전까지도 성별에 따라 할 수 있는 일이 정해져 있었어. 여전히 그런 관습대로 살아가는 나라들도 있단다.

오웨인 / 폴 / 나딤 / 메이블

옛날에는 남자들만 투표할 수 있었대!

우리 할머니가 어렸을 땐 여자들만 뜨개질을 했대. 하지만 나는 할머니께 뜨개질을 배워서 꽤 잘해!

난 바지가 정말 편해. 옛날 여자들은 치마만 입어야 해서 힘들었을 거 같아.

여전히 여자가 축구를 할 수 없는 나라도 있대!

남자아이 장난감과 여자아이 장난감은 따로 있지 않아. 모든 아이들은 누구나 좋아하는 장난감으로 놀고 원하는 책을 읽고 좋아하는 취미를 즐길 수 있어야 해. 어른들도 마찬가지란다!

남자와 여자는 다른 점이 있지만 차별을 두지 않고 평등하게 대해야 해. 남자는 강하거나 씩씩해야 하고 여자는 온순하거나 세심하다는 생각도 고정 관념이야. 우리는 누구나 성별과 상관없이 하고 싶은 것을 할 수 있고 원하는 대로 살 자유가 있단다.

여러 모습의 가족

우리 모두는 살아가는 방식이 달라. 가족의 모습도 문화, 지역, 종교, 가치관 등에 따라 아주 다양하단다.

우리 가족은 엄마랑 고모랑 나랑 고모의 아이들까지 모두 다섯이야.

나는 여러 아이들과 함께 보육원에서 살아. 보육사 선생님들이 우리를 부모처럼 보살펴 주셔.

우리 가족은 아빠, 엄마, 나, 여동생이야.

나는 위탁 가정에서 살아. 모두 친가족 같아.

또 다른 가족의 모습

가족의 형태는 다양해. 사정이 있어서 친부모를 떠나
다른 가정에서 가족의 구성원이 되어 살아가기도 한단다.

모든 아이들이 친부모와 함께 살지는 않아.
입양은 혈연관계가 아니지만 부모와 자식으로
가족을 이루어 함께 살아가는 거야.
입양한 부모는 여러 사정으로 인해 친부모가
돌볼 수 없는 아이를 애정을 다해 보살핀단다.

난 갓난아기 때 우리 엄마 아빠를
만나 함께 살게 되었대.

두 강아지 퍼지와 버튼도
우리 가족이야!

친부모가 돌볼 상황이 되지 않을 때 위탁 가정에서 지내는 아이들도 있어. 가정 위탁 보호는 부모를 대신해 할머니 또는 할아버지나 친인척, 일반 가정에서 정해진 기간 동안 보살펴 주는 거야. 위탁 부모는 함께 지내는 동안 자기 아이처럼 똑같이 사랑으로 돌보아 준단다.

얘는 우리 고양이 엘모야!

나랑 내 동생은 위탁 가정에서 함께 살고 있어. 위탁 엄마 아빠의 아들 펠릭스와도 친형제처럼 지내.

입양된 아이들은 새로운 부모의 집에서 성인이 될 때까지 함께 살아. 그와 달리 위탁 가정에서 사는 아이들은 친부모의 상황이 좋아지면 친가정으로 돌아간단다.

자폐 스펙트럼을 가진 친구

자폐 스펙트럼 장애를 가진 친구가 있어? 무엇이 다르고 어떻게 대해야 할까?

난 자폐 스펙트럼 장애가 있어. 큰 소리에 예민하고 반복적인 행동을 자주 해.

나도! 그래서 세상을 친구들과 다르게 느끼고 반응하나 봐.

자폐 스펙트럼 장애는 뇌 발달과 상관이 있어. 그래서 다른 사람들을 사귈 때 어려움을 느낀단다. 무지개가 다양한 색깔을 가지고 있는 것처럼 증상이 아주 여러 가지로 나타나서 '스펙트럼'이라고 해.

자폐 스펙트럼을 가진 친구들의 특성
이렇게 행동하는 친구가 있으면 이해해 주기!

★ 또래 친구들이랑 잘 어울리지 못해.

★ 행동이나 관심이 한정되고 반복적이야.

★ 사람들이 북적이는 곳에서는 어려움을 겪거나 불안해해.

★ 여느 사람들보다 겁이 많아.

★ 무척 화가 나면 고함치고 마구 비난하는데, 이를 '분노 발작'이라고 해. 아예 반응을 보이지 않는 건 '단절'이라고 하지.

★ 바로 의미를 파악할 수 없는 농담 같은 말은 이해하기 어려워해.

★ 누가 만지는 걸 정말 싫어해. 사람들이 별로 신경 쓰지 않는 일상적인 소리나 냄새, 질감을 싫어하는 경우도 많아.

★ 사람들과 눈 마주치는 것을 좋아하지 않아. 말하는 대신 수어나 글자판을 사용하기도 해.

★ 좋거나 나쁘거나 둘 중에 하나로만 판단해서 중간은 없어.

★ 변화를 아주 힘들어해. 모임 시간이 바뀌는 작은 변화도 말이야.

자폐 스펙트럼을 가진 친구에 대한 오해
미리 단정 짓고 대하지 말기!

★ 자폐인은 모두 천재라서 수학과 컴퓨터 같은 것에 뛰어나다고?
자폐인들이 관심 있는 것에 몰두해서 생기는 오해야.
어떤 분야에서 뛰어날 수도, 어려워할 수도 있어.

★ 다른 사람들을 신경 쓰지 않고, 감정도 못 느낀다고?
모든 감정을 다른 사람과 똑같이 느껴. 사실 더욱 크게 느낀단다.
다만, 다른 사람들과의 상호 작용이 어려울 뿐이야.

★ 친구를 원하지 않는다고?
친구를 원하지 않는 사람은 없어. 친구들이랑 대화하는 데
어려움을 느껴서 그렇게 보일 뿐이야. 네가 친구가 되어 줄래?

나를 친구들과 다르게 대하지 않았으면 좋겠어.

맞아! 모두들 내 모습을 있는 그대로 인정해 주고 응원해 줄래?

자폐 스펙트럼 장애가 있는 사람들 가운데
재미있고, 남을 잘 보살피고, 매력적인 사람들도 참 많아.
남들과는 조금 다르게 세상을 받아들이는 장애를 가졌지만,
다르다고 틀린 건 아니야. 자폐 스펙트럼 장애를 가진 친구를
색안경을 끼고 대하거나 무조건 도와줘야 하는 대상으로
보기보다는 이해하고, 존중하고, 응원해 주는 것이 좋단다.

배우는 방법이 다른 우리들

우리는 매일매일 무언가를 배워. 금방 배우는 것도 있지만, 따로 배워야 하는 것도 있어. 같은 거라도 금방 배우는 사람과 도움이 필요한 사람이 있단다.

난 코딩이 어려워서 학원에서 배우고 있어.

난 수학은 자신 있는데 그림 그리는 건 자신 없어.

나는 체육을 가장 좋아해! 그런데 국어는 너무 어렵고 힘들어.

사람들마다 배우는 방법이 모두 달라.

나는 말로 설명을 듣는 것보다 책이나 화면으로 읽으면 더 잘 이해돼.

나는 선생님이 설명해 주시면 귀에 쏙쏙 들어오던데.

나에게 잘 맞는 공부 방법을 알고 있어? 사람마다 공부 방법이 다르니까 친구를 따라 하기보다는 나만의 방법을 찾아보렴.

난 다른 사람의 설명을 듣거나 읽으면 이해가 잘 안 돼. 무엇이든 내 손으로 직접 해 보는 게 최고야!

나는 여럿이 함께하며 배우는 걸 좋아해.

난 혼자 스스로 해 보면 오래 기억되어서 좋아.

학교가 잘 맞는 친구도 있고, 힘들어하는 친구도 있어.

나는 학교가 멀어서 집에서 공부해. 아빠랑 엄마가 선생님 대신 여러 가지를 가르쳐 주셔.

난 학교가 참 좋아. 그런데 동생은 학교가 재미없대.

우리는 좋아하는 과목도, 잘 맞는 학습 방법도 다르지만 날마다 많은 것을 배우며 점점 자라고 있어.

자신만의 속도로 배우는 친구들

학습 장애가 있는 사람들은 읽기나 쓰기, 수학 같은 어떤 한 가지를 배우는 데 어려움을 느껴. 그런 친구들은 조금 다른 방법으로 배운단다.

난 읽기 학습 장애가 있어서 혼자 책을 읽는 게 어려워. 그래서 선생님께 학습 치료를 받고 있어.

읽기 학습 장애는 글을 읽고 이해하는 데 어려움을 느끼는 거야. 특별한 학습법으로 학습 치료를 받으면 나아질 수 있어. 쓰기와 맞춤법을 어려워하기도 하지만 글을 잘 쓰고 창의적인 친구도 많단다.

학습 치료를 받으며 차근차근 책을 읽으니까 자신감도 생기고 정말 재미있어. 난 새로운 생각이 잘 떠오르거든. 그래서 재미있는 이야기를 쓰는 멋진 작가가 될 거야!

나는 수학 학습 장애가 있어서 시계 보는 거랑 돈 계산이 너무 헷갈려! 그래서 따로 배우고 있어.

수학 학습 장애가 있으면 숫자와 덧셈, 뺄셈, 나눗셈, 곱셈 같은 연산 기호에 잘 집중하지 않아. 또 숫자로 된 걸 잘 기억하지 못하고 모양, 위치, 순서 등도 헷갈려 해. 하지만 수학이 싫다고 모두 수학 학습 장애는 아니야.

나는 주의력 결핍 과잉 행동 장애가 있어. 그래서 수업 시간에 집중하기가 힘든가 봐. 자꾸만 다른 생각을 하거나 손과 발을 꼼지락거리게 되거든. 여러 치료를 받고 있는데 조금씩 좋아지고 있어서 기뻐.

학습 장애가 있어도 자신만의 방법과 속도로 배우면 잘 해낼 수 있어. 자신감을 북돋워 주면 얼마든지 좋아질 수 있단다.

학습 장애는 공부를 못하는 것이나 공부를 안 하는 것이 아니야. 공부하려는 의욕도 있고, 지능도 낮지 않거든. 주변에 노력해도 공부가 마음대로 되지 않아서 힘들어하는 친구가 있으면 힘낼 수 있도록 응원해 줄래?

특별한 도움을 받으며 배우는 친구들

다운 증후군이 있는 친구들은 또래들보다 신체적으로나 정신적으로 늦어서 계속 누군가의 도움이 필요해. 옷을 입는 것처럼 일상적인 것들도 말이야.

마카톤
안녕! / 잘가 / 감사합니다 / 부탁드려요 / 책 / 집

다운 증후군이 있으면 성장 속도와 행동 발달이 느려서 학습에 어려움을 겪게 돼. 사람마다 조금씩 다르지만 주변의 도움을 받으며 하나씩 배워 나가야 한단다.

난 다운 증후군이 있어서 영국에서 살 때 마카톤을 배웠어. 마카톤은 간단한 기호와 상징으로 얘기해서 학습 장애가 있는 내게도 아주 쉽거든. 공부할 땐 선생님 도움을 받아 차근차근 배우고 있어.

나는 다른 친구들보다 배우는 것도 행동도 느려서 언제나 시간이 더 필요해. 그래서 친구들이 나를 기다려 주면 좋겠어.

또래들보다 새로운 것을 배우는 데 시간이 오래 걸리는 친구들이 있어. 그럴 땐 상황에 맞게 도움을 받으며 공부하고 치료하면 좋아질 수 있단다. 그리고 치료와 훈련을 함께하며 수어를 배우거나 뉴미콘 같은 수학 교구로 공부하면 자신감을 가지게 될 거야.

신체 장애인들과 함께하는 우리

신체에 장애가 있어서 여러 가지로 불편함을 느끼는 사람들은 하고 싶은 것을 자유롭게 할 수 없어. 그래서 무엇보다 일상생활에 어려움을 느끼지 않도록 시설을 갖춰 주는 것이 중요해. 나에겐 당연하고 힘들지 않은 일이 다른 누군가에게는 아주 어렵고 불편할 수도 있거든.

이렇게 경사로와 승강기가 있으면 나도 편하게 다닐 수 있어서 정말 좋아!

보고 듣는 것이 어려운 사람들

우리는 온종일 수많은 것을 보고 들어. 그래서 보고 듣는 것에 어려움을 느끼면 생활 방식에 큰 영향을 미치게 돼.

눈이 잘 안 보이는 사람들은 걸어 다닐 때 전용 흰지팡이로 장애물과 촉감, 진동을 느껴. 그리고 흰지팡이를 들면 주변 도움도 받을 수 있단다.

모든 시각 장애인이 아예 볼 수 없는 건 아니야. 시각 장애인들은 대부분 나처럼 시력이 많이 낮거나 조금만 보이는 경우가 많거든. 우리 할머니는 외출할 때 지팡이를 짚고 다니시지만 나는 몰리라는 안내견의 도움을 받고 있어. 물론 모두가 안내견을 데리고 다니는 건 아니야.

시각 장애가 있는 사람들은 점자책이나 글자가 아주 큰 책, 오디오 북으로 독서를 한단다.

시각 장애인을 도와주는 안내견 외에도 필요한 소리나 정보를 알려 주는 청각 장애인 도우미견, 일상생활 동작을 도와주는 지체 장애인 도우미견도 있어.

인종이 달라도 우리는 친구

사람들은 주로 피부색과 머리카락, 눈과 코 모양처럼 신체적 특성에 따라 인종을 구분해. 특히 피부색에 따라 크게 아시아 인종, 아프리카 인종, 유럽 인종으로 나누는 경우가 많단다. 그런데 인종을 구분하고 비교하면서 자신도 모르는 사이에 차별할 때가 있어. 인종은 각기 다른 생활 터전에 적응하면서 변화해 온 결과일 뿐이야. 그러니 더 나은 인종도 낮은 인종도 없어. 모두 있는 그대로 인정하고 존중해 주어야 해.

우리 엄마는 베트남인이고 아빠는 한국인이야. 그래서 나랑 동생은 베트남인과 한국인의 특성을 모두 갖고 있어.

우리 집안은 대대로 자메이카에서 살다 할머니 할아버지 때 이곳으로 오게 되었어. 그래서 난 이민 3세대지만 자메이카 사람이나 마찬가지야.

우리 가족은 여러 곳을 옮겨 다니며 사는 유랑 민족이야. 어떤 사람들은 우리를 집시라고 부르며 차별하기도 해.

국경을 넘나드는 이민이 점차 늘어나면서 다양한 국적과 문화를 가진 사람들이 함께 생활하는 다문화 사회가 되어가고 있어. 서로 다른 문화, 언어, 생활 습관 때문에 싸우거나 따돌리며 무시하는 경우도 있지. 그래서 서로 다름을 이해하고 존중해 주는 게 무엇보다 중요해.

인종에 따라 다르게 대하거나 차별하는 일은 없어야 해. 하지만 여전히 많은 사람들이 인종, 민족, 종교가 다르다는 이유로 괴롭히고 있어. 인종 차별은 편견을 가지고 나와 다른 사람들을 대함으로써 정신적, 신체적 고통을 줄 뿐 아니라 우리가 살아가는 사회 전체에 부정적인 영향을 미치게 돼.

새로운 나라에서 살아가기

전 세계에는 200여 개의 나라가 있어. 많은 사람들이 여러 가지 이유로 살고 있던 나라를 떠나 다른 나라에서 살아가고 있지. 이걸 이민이라고 해. 이민을 가게 되면 그곳의 새로운 언어와 문화 때문에 적응하는 데 어려움을 겪기도 한단다.

우리 가족은 스리랑카에서 이민 왔어. 아빠가 한국에서 일자리를 잡으셨거든. 그때 난 여섯 살이었고 한국어를 전혀 못했지만 이젠 아주 잘해!

이민을 떠나는 이유는 아주 다양해. 더 나은 일자리나 교육, 종교 때문이거나 살고 있는 나라가 안전하지 않아서 떠나기도 해. 아주 새로운 나라에서 살고 싶어 떠나기도 한단다.

난 여름마다 폴란드에 있는 할아버지랑 할머니를 만나러 가. 친척들과도 즐거운 시간을 보낸단다. 하지만 우리 가족은 이곳에서 잘 적응하고 있어. 모두들 친절하고 잘 이해해 주거든.

폴란드

흥미로운 다양한 문화

전 세계에는 다양한 사람들이 어울려 사는 만큼 서로 다른 종교와 풍습, 의식주 속에서 살아가고 있어. 이 모든 것이 '문화'야. 사람들은 자신이 살아온 나라의 문화에 따라 독특한 축제와 명절을 즐기며 행복해한단다.

어떤 축제와 명절을 즐기며 살아가는지 알아보면 서로를 더 이해하게 될 거야.

우리 가족은 영국의 웨일스에서 살았어. 그래서 웨일스에 대한 사랑이 좀 더 특별해. 웨일스 럭비 팀을 응원하고 웨일스 노래도 자주 부르며 추억하거든.

우리 가족은 이슬람교를 믿어. 엄청 대가족이라 힘든 일이 있을 땐 이모, 고모, 삼촌, 사촌 들이 서로 도와준단다. 난 특히 선물을 주고받는 이드 축제 때 먹는 미타이 과자랑 이슬람 음식을 정말 좋아해.

서로에게 친절하기

'가는 말이 고와야 오는 말이 곱다.'는 속담처럼 친구에게 퉁명하게 말하면 친구도 나한테 퉁명스레 말할 거야. 퉁명스러운 말은 친구의 마음에 상처를 내고 흉터를 남길 수 있어. 그러니 모든 친구를 상냥하고 친절하게 대해야 해.

모든 사람은 스스로를 멋지다고 느끼고 싶어 해. 노래를 잘 부르거나 운동을 잘했을 때 으쓱해지는 기분처럼 말이야. 그런데 자기를 돋보이려고 남을 깎아내리며 으쓱대는 사람들도 있어. 특히 SNS에서 다른 사람의 생김새나 행동을 비웃거나 따돌리며 상처를 주는 경우가 많아지고 있어서 안타까워.

친구를 놀리거나 따돌리거나 싫어하는 말을 반복적으로 하면 상처를 주게 돼. 누구든 말이야. 다른 사람의 말을 따라 했거나 나쁜 뜻이 없었다 해도 마찬가지야.

> 난 그 말만 떠올리면 아직도 속상해.

"상처가 될 말을 해 놓고 농담이었다고 말해 봐야 달라지지 않아."

"맞아. 우스갯소리도 서로 같이 재미있다고 생각해야 하는 거야."

기분 나쁜 말을 계속 듣게 되면 대부분 우울해지고 자신감을 잃게 돼.
그뿐 아니라 세상이 안전하게 느껴지지 않고 사람들과 어울리고 싶지 않게 될 수도 있어.
만약 누군가가 나와 내 친구에게 계속 마음에 상처를 주는 말을 하거나 불친절하게 대하면
흥분하지 말고 솔직하게 그만하라고 얘기해 봐. 그래도 멈추지 않으면
어른과 꼭 의논해야 한단다. 그리고 언제나 기억해…!

서로에게 친절하기!

우리들은 모두!

우리는 누구나 크고 작은 집단이나 조직에 속해 있어. 작게는 가족과 학교, 더 넓게는 마을과 나라에 속해 있거든. 어딘가에 속해 있다고 느끼는 건 중요해. 그 안에서 안정감을 찾고 자신의 모습을 발견하고 인정받으며 역할을 해낼 수 있기 때문이야.

난 우리 가족, 학교 그리고 축구 팀에 속해 있어.

무언가를 돌보거나 도울 때도 소속감을 느끼게 돼. 학교에서 여러 일들을 함께하는 것도 그 때문이야. 집에서 부모님을 도와드리는 것처럼 말이야.

나는 오빠랑 토끼를 돌봐. 엄마를 도와 식탁을 차리거나 방 청소도 해.

사 온 물건을 정리하고 식물에 물을 주는 것도 내가 좋아하는 일이야.

우리가 어떤 모습이든, 무엇을 좋아하든 상관없어!

우리는 저마다 독특하고 멋진 개성을 가지고 있어. 사람들과 어울리려고 나를 억지로 바꾸지 않아도 괜찮아. 그러면 마음이 불편하고 슬퍼질 테니까. 내가 가진 모습 그대로 사랑하고 인정받는 것이 진정한 행복이야.

같으면서도 다른 우리

세상에 사는 사람들 수만큼이나 멋지게 사는 방법도 아주 많아. 사람들이 이처럼 다양하다는 건 정말 멋진 일이고 축하할 일이야. 그만큼 다채로운 세상을 새롭게 만들어 나갈 수 있으니까.

우리는 같으면서도 모두 달라. 다르기 때문에 각자의 눈으로 새로운 생각들을 모아 더 나은 세상을 만들 수 있어. 또 우리와 다른 사람들을 이해하며 풍요롭고 재미있게 살 수 있단다.

우리가 다른 건 좋은 거야. 다르게 생각하는 것도 말이야!

문화가 서로 다른 것도!

종교가 다른 것도!

장애가 있거나 없는 것도!

낱말 사전

가정 위탁 보호 : 친부모와 함께 살 수 없는 아동을 일정 기간 동안 다른 가정에 맡겨 보살핌과 보호를 받을 수 있게 하는 것.

다운 증후군 : 태어나면서부터 염색체 이상으로 발생하는 질환. 사람마다 증상이 모두 다르며, 대부분 어느 정도 학습 장애가 있고, 신체 발달이 느린 경우도 있음.

도우미견 : 시력이나 청력을 잃거나 뇌전증 발작 등 다양한 상태에 놓인 사람들을 돕도록 훈련된 개. 특히 시각 장애인들의 길 안내를 돕는 도우미견은 안내견이라고 부름.

마카톤 : 의사소통에 어려움을 겪는 사람들이 수어와 그림을 말, 동작과 함께 동시에 사용해서, 보다 간소하게 표현할 수 있도록 영국에서 개발된 언어 프로그램.

만성 피로 증후군 : 쉬어도 6개월 이상 계속 심각한 피곤을 느끼는 증상. 집중력과 기억력이 떨어지고 깊게 잠들지 못함.

성 정체성 : 사람들이 자신의 성별에 대해 신체적 성과 같거나 다르게 인식하는 것. 여자나 남자로 또는 둘 다 아니라고 느낄 수도 있음.

수어 : 손과 몸으로 만든 기호와 표정을 이용해서 뜻을 전달하는 시각 언어로, 수화 언어의 줄임말.

수학 학습 장애 : 기본적인 수의 개념을 이해하지 못해서 숫자와 수학을 배우는 방법에 영향을 주는 학습 장애.

음력 설 : 달이 차고 기우는 데 걸리는 시간을 기준으로 하는 태음력의 새해 첫날. 한국, 중국, 인도네시아, 베트남 등에서 온 가족이 함께 모여 축하하는 명절.

인종 차별 : 다른 인종에게 사실이 아닌 편견을 가지고 옳지 못한 말을 하거나 그들을 평등하지 않게 대하는 행동.

읽기 학습 장애 : 글을 읽고 해석하는 데 영향을 주는 학습 장애.

입양 : 혈연관계의 친부모가 아니지만 아이를 자녀로 들여서 공식으로 부모와 자녀의 관계가 되는 것.

자폐 스펙트럼 장애 : 의사소통과 사회적인 상호 작용에 어려움을 보이는 장애. 사람마다 보이는 행동과 증상이 많이 다르며, 가벼운 증상에서부터 심각한 것까지 마치 무지개 색처럼 그 범위가 넓고 연속적으로 이어져 나타나 '스펙트럼' 이라고 함.

점자 : 시력이 안 좋은 사람들이 손가락으로 더듬어 읽을 수 있도록 만든 특수한 문자. 볼록한 점의 위치를 사용해 문자를 나타냄.

주의력 결핍 과잉 행동 장애 : 주의력이 부족해서 산만하고 가만히 앉아 집중하는 게 어려운 장애로, ADHD라고도 함. 말이나 행동이 많고 팔과 다리를 끊임없이 움직이는 등 저마다 보여 주는 모습과 행동이 다름. 치료를 통해 좋아질 수 있고, 어린아이들뿐 아니라 어른들에게도 나타날 수 있는 행동 장애.

청각 장애 : 선천적이거나 후천적인 요인으로 청각에 이상이 생겨 소리를 듣지 못하는 장애. 한쪽 귀 또는 양쪽 귀가 전혀 소리에 반응하지 않는 것은 '농'이라 하고 보청기의 도움을 받을 수 있을 만큼 약간이라도 소리가 들리는 경우는 '난청' 이라고 함.

찾아보기

ㄱ
가정 위탁 보호 16 - 17
가족 12 - 17
개성 41

구화 29
국적 32 - 33

ㄴ
나팔절 35
남매 14
뉴미콘 24 - 25

ㄷ
다문화 사회 30
다양성 42 - 43
다운 증후군 24
대속죄일 35
단절 18

도우미견 28

ㅁ
마카톤 24
만성 피로 증후군 27
명절 34
문화 34 - 35
민족 30 - 31

ㅂ
보육원 12
보청기 29
분노 발작 18

ㅅ
수학 학습 장애 22
성 소수자 10
성 역할 10
성 정체성 10
성차별 10
성호르몬 10
수화 29
시각 장애 28
신체장애 26 - 29
쌍둥이 6

ㅇ
안내견 28
양부모 13, 15
언어 32, 33
오디오 북 28

위탁 가정 15
유대교 35
음력 설 35
이민 30, 32
이슬람교 34
인종 차별 30, 31
인종 집단 30 - 31
읽기 학습 장애 22
입양 13, 16, 17

ㅈ
자폐 스펙트럼 장애 18 - 19
점자 28
종교 9, 12, 20, 32, 34, 35
주의력 결핍 과잉 행동 장애 23

ㅊ
청각 장애인 29
축제 34
친부모 16, 17

ㅍ
피부색 30, 31

ㅎ
학습 장애 24 - 25
형제자매 14 - 15

세계 인권 선언

'세계 인권 선언'에는 세상의 모든 사람들을 존중할 기준이 담겨 있어.
모든 사람이 자유롭고, 평등하고, 존엄하게 살아갈 수 있도록 전 인류의
자유와 권리를 보호하기 위해 전 세계가 처음으로 합의하여 발표한 선언문이야.
1948년 12월 10일 국제 연합(UN) 총회에서 채택되었고,
2년 뒤 이날을 '세계 인권의 날'로 정했단다.

30개 조항으로 이루어진 선언문에는
누구도 빼앗거나 무시해서는 안 되는
모든 사람의 자유와 권리에 대한
내용이 빠짐없이 담겨 있어.

무엇보다 중요한 건 전 세계
모든 사람이 성별과 피부색,
종교와 신념 등에 상관없이
자유롭고 평등하다는 거야.

세계 인권 선언은 세계에서
가장 많이 번역되었고, 오늘날까지
국제 인권법의 바탕이 되고 있단다.

★세계 인권 선언문 전문은 인터넷에서 확인해 봐.